Ewiges Leben in der Wüste:
Das Geheimnis der Welwitschia mirabilis

Herbert Lukas Steinbach

Bibliografische Information der Deutschen Nationalbibliothek:
Die Deutsche Nationalbibliothek verzeichnet diese Publikation
in der Deutschen Nationalbibliografie; detaillierte
bibliografische Daten sind im Internet über dnb.dnb.de
abrufbar.

Herstellung und Verlag: BoD – Books on Demand, Norderstedt

ISBN 9 783759 752529

In tiefer Bewunderung
für die „Königin der Wüste"

Leserstimmen

"Dieses Buch über die Welwitschia mirabilis hat meine Vorstellungskraft beflügelt! Die Art und Weise, wie die Pflanze unter extremen Bedingungen überlebt, ist einfach unglaublich. Die tieferen Lektionen über Widerstandsfähigkeit und Anpassungsfähigkeit haben mich wirklich inspiriert." - Anna

"Ich war fasziniert von der detaillierten Beschreibung der Welwitschia und ihrer einzigartigen Eigenschaften. Dieses Buch hat mir nicht nur wissenschaftliche Einblicke gegeben, sondern auch spirituelle und philosophische Perspektiven eröffnet. Absolut lesenswert!" – Michael

"Die Welwitschia mirabilis war mir vorher völlig unbekannt, aber dieses Buch hat sie für mich zum Leben erweckt. Besonders beeindruckt hat mich die Verbindung zwischen der Pflanze und unserem eigenen Leben. Ein wunderbares Leseerlebnis, das ich jedem empfehlen kann!" – Sabine

"Ein meisterhaft geschriebenes Buch! Die Geschichte der Welwitschia ist nicht nur faszinierend, sondern auch tiefgründig und inspirierend. Es zeigt, wie viel wir von der Natur lernen können." – Thomas

" Die Welwitschia mirabilis ist ein Symbol für Ausdauer und Beständigkeit, und der Autor hat es wunderbar verstanden, diese Eigenschaften mit unserem täglichen Leben zu verbinden. Ich habe so viel gelernt und fühle mich inspiriert, mein eigenes Leben mit mehr Achtsamkeit und Dankbarkeit zu leben." – Katrin

"Ein außergewöhnliches Buch über eine außergewöhnliche Pflanze. Die Welwitschia mirabilis ist ein wahres Wunder der Natur, und der Autor hat ihre Geschichte mit viel Sachverstand erzählt." - Johannes

"Dieses Buch hat mir die Augen geöffnet für die Wunder der Schöpfung. Die Welwitschia mirabilis ist ein Beispiel für Gottes unermessliche Kreativität und Liebe. Die Verbindungen, die der Autor zu unserem Leben und Glauben zieht, sind tiefgründig und bereichernd."- Monika

"Ich war erstaunt über die Detailtiefe und die Schönheit, mit der die Geschichte der Welwitschia mirabilis erzählt wurde. Dieses Buch hat mich dazu inspiriert, die Natur mit anderen Augen zu sehen und die Lektionen der Natur in mein tägliches Leben zu integrieren."- Peter

"Die Verbindung zwischen der Überlebensfähigkeit der Welwitschia und den Herausforderungen des menschlichen Lebens war tief berührend. Dieses Buch hat mir geholfen, meine eigene Widerstandsfähigkeit zu entdecken und meinen Glauben an mich selbst zu stärken." - Birgit

"Die Welwitschia mirabilis hat mich schon immer interessiert, aber dieses Buch hat mein Wissen und meine Bewunderung auf ein ganz neues Niveau gehoben." - Alexander

"Ich konnte das Buch nicht aus der Hand legen. Die Art und Weise, wie der Autor die Geschichte der Welwitschia erzählt und sie mit menschlichen Erfahrungen verknüpft, ist einfach genial. Ein Buch, das ich jedem empfehlen würde." - Julia

Inhaltsverzeichnis

Vorwort des Autors

Meine geschätzte Leserinnen und Leser,

als ich das erste Mal die endlosen Weiten der Namib-Wüste betrat, spürte ich eine tiefe Ehrfurcht vor der überwältigenden Kraft und Stille dieser Landschaft. Doch es war eine Begegnung mit einer Pflanze, die mein Leben nachhaltig veränderte. Die Welwitschia mirabilis, auch bekannt als die „Königin der Wüste", stand vor mir – ein uraltes Lebewesen, das seit Jahrtausenden in einer der unwirtlichsten Regionen der Erde überdauert.

Es war nicht nur ihr ungewöhnliches Aussehen, das mich in ihren Bann zog. Es war ihre Geschichte, ihre Anpassungsfähigkeit und ihre schiere Hartnäckigkeit, die mich faszinierten. Wie konnte eine Pflanze in einer Umgebung überleben, die so lebensfeindlich ist? Diese Frage trieb mich an und führte mich auf eine jahrelange Forschungsreise, die mich durch die atemberaubenden Landschaften Namibias und tief in die Geheimnisse dieser bemerkenswerten Pflanze führte.

In den folgenden Kapiteln lade ich Sie ein, mit mir diese faszinierende Welt zu entdecken. Wir werden die einzigartige Biologie und die Überlebensstrategien der Welwitschia mirabilis erforschen, ihre Rolle im Ökosystem der Namib-Wüste verstehen und ihre historische und kulturelle Bedeutung beleuchten. Es ist eine Reise, die sowohl Wissenschaft als auch Poesie verbindet, denn die Welwitschia ist mehr als nur eine Pflanze – sie ist ein Symbol für Ausdauer, Anpassungsfähigkeit und das Wunder des Lebens.

Meine Leidenschaft für die Botanik und die Erforschung der Natur wurde durch die Welwitschia mirabilis neu entfacht. Sie lehrte mich, dass das Leben in den entlegensten Winkeln der Erde aufblühen kann und dass jede Pflanze, jedes Lebewesen eine Geschichte zu erzählen hat. Ich hoffe, dass dieses Buch nicht nur Wissen vermittelt, sondern auch die Faszination und das Staunen weckt, die ich bei meinen Begegnungen mit der Welwitschia erlebt habe.

Mögen Sie, liebe Leserin, lieber Leser, ebenso inspiriert und bereichert werden von der Reise, die vor Ihnen liegt. Lassen Sie uns gemeinsam eintauchen in die Welt der Welwitschia mirabilis und die Wunder der Namib-Wüste entdecken.

Ihr Herbert Lukas Steinbach

Einführung

Bedeutung und Faszination der Welwitschia mirabilis

Inmitten der rauen und lebensfeindlichen Bedingungen der Namib-Wüste existiert eine Pflanze, die in ihrer Einzigartigkeit und Anpassungsfähigkeit ihresgleichen sucht: die Welwitschia mirabilis. Diese außergewöhnliche Pflanze hat seit Jahrhunderten Wissenschaftler, Forscher und Naturliebhaber gleichermaßen in ihren Bann gezogen. Mit ihrem ungewöhnlichen Erscheinungsbild und ihrer Fähigkeit, in extremen Umgebungen zu überleben, stellt sie eine botanische Kuriosität dar, die viele konventionelle Vorstellungen von Pflanzenleben herausfordert.

Der Name "Welwitschia mirabilis" trägt eine tiefe und bedeutungsvolle Geschichte in sich. Der erste Teil des Namens, "Welwitschia", ehrt den österreichischen Botaniker Friedrich Welwitsch, der die Pflanze im Jahr 1859 entdeckte. Welwitsch war von der einzigartigen Struktur und den bemerkenswerten Überlebensfähigkeiten der Pflanze in der extrem trockenen Namib-Wüste fasziniert. Die Entdeckung dieser Pflanze war ein bedeutender Beitrag zur Botanik, und die Benennung nach Welwitsch ehrt seine Arbeit und sein Engagement.

Der zweite Teil des Namens, "mirabilis", stammt aus dem Lateinischen und bedeutet "wunderbar" oder "erstaunlich". Dieser Begriff spiegelt die außergewöhnliche Natur der Pflanze wider, die sowohl durch ihre ungewöhnliche Erscheinung als auch durch ihre Fähigkeit, in einer der unwirtlichsten Umgebungen der Welt zu überleben, beeindruckt. Die Welwitschia ist nicht nur durch ihre Anpassungsfähigkeit und Langlebigkeit bemerkenswert, sondern auch durch ihre Einzigartigkeit, da sie die einzige Art in der Familie der Welwitschiaceae ist.

Die Welwitschia mirabilis gehört zu den lebenden Fossilien, die bereits vor Millionen von Jahren existierten und bis heute überlebt haben. Sie ist die einzige Art in der Familie der Welwitschiaceae und repräsentiert eine der ältesten Linien der Samenpflanzen. Diese Langlebigkeit und ihre Fähigkeit, unter den widrigsten Bedingungen zu gedeihen, machen sie zu einem Symbol für Ausdauer und Anpassungsfähigkeit.

Mit nur zwei ständig wachsenden Blättern, die sich über die Jahrhunderte zu ausgedehnten, bandartigen Strukturen entwickeln, und einer tief reichenden Pfahlwurzel, die sie mit lebensnotwendigem Wasser versorgt, zeigt die Welwitschia ein eindrucksvolles Beispiel evolutionärer Anpassung. Ihre Samen keimen nur unter ganz bestimmten Bedingungen, was ihre Verbreitung in der extremen Umgebung der Namib-Wüste noch bemerkenswerter macht.

Nicht nur ihre biologische Einzigartigkeit, sondern auch ihre ökologische Rolle in der Wüste macht die Welwitschia zu einem wichtigen Forschungsobjekt. Sie bietet Lebensraum und Nahrung für verschiedene Insektenarten und trägt zur Stabilität des fragilen Wüstenökosystems bei. Darüber hinaus hat sie auch kulturelle und historische Bedeutung für die indigenen Völker der Region, die sie als Teil ihrer traditionellen Überlieferungen und praktischen Anwendungen schätzen.

Ziel des Buches

Dieses Buch soll eine umfassende und tiefgehende Auseinandersetzung mit der Welwitschia mirabilis bieten. Es richtet sich sowohl an Wissenschaftler und Studenten der Botanik als auch an Naturliebhaber und Laien, die mehr über diese faszinierende Pflanze erfahren möchten. Das Ziel ist es, die biologische, ökologische und kulturelle Bedeutung der Welwitschia in einem verständlichen und ansprechenden Format darzustellen.

Wir beginnen mit einer detaillierten botanischen Beschreibung der Pflanze, einschließlich ihrer Morphologie, ihres Lebenszyklus und ihrer einzigartigen Anpassungen an die extremen Bedingungen der Namib-Wüste. Anschließend beleuchten wir ihren natürlichen Lebensraum und die spezifischen Herausforderungen, denen sie dort begegnet.

Ein weiterer Schwerpunkt liegt auf der ökologischen Bedeutung der Welwitschia und ihren Interaktionen mit anderen Organismen im Wüstenökosystem. Wir untersuchen, wie sie zur Biodiversität und zur ökologischen Stabilität beiträgt und welche Rolle sie im Leben der einheimischen Fauna spielt.

Darüber hinaus betrachten wir die historische und kulturelle Bedeutung der Welwitschia. Von ihrer Entdeckung durch europäische Forscher bis hin zu ihrer Rolle in den Mythen und Traditionen der indigenen Völker – die Geschichte der Welwitschia ist reich und vielfältig.

Abschließend widmen wir uns den aktuellen Bedrohungen, denen die Welwitschia ausgesetzt ist, und den Bemühungen zu ihrem Schutz und Erhalt. Der Klimawandel, menschliche Aktivitäten und andere Faktoren stellen ernsthafte Gefahren für ihr Überleben dar. Wir diskutieren die notwendigen Schutzmaßnahmen und die Bedeutung des Artenschutzes für die Bewahrung dieser einzigartigen Pflanze.

Durch die Kombination wissenschaftlicher Erkenntnisse mit kulturellen und historischen Kontexten hoffen wir, ein tiefes Verständnis und eine Wertschätzung für die Welwitschia mirabilis zu fördern. Dieses Buch soll nicht nur informieren, sondern auch inspirieren und die Bedeutung des

Schutzes unserer natürlichen Welt unterstreichen. Möge die Reise durch die Welt der Welwitschia mirabilis Ihnen neue Einblicke und ein erweitertes Bewusstsein für die Wunder der Natur bringen.

Botanische Beschreibung

Morphologie der Pflanze

Die Welwitschia mirabilis ist in ihrer Gestalt einzigartig und stellt eine bemerkenswerte Anpassung an die extremen Bedingungen der Namib-Wüste dar. Sie besteht aus nur zwei ständig wachsenden Blättern, die aus einer kurzen, holzigen Stammbasis entspringen. Diese Stammbasis oder "Krone" ist breit und niedrig, meist nicht höher als 50 cm, jedoch kann ihr Durchmesser bis zu einem Meter oder mehr betragen. Die Rinde der Stammbasis ist rau und rissig, oft mit einer grau-braunen Färbung, die sie perfekt in die umgebende Landschaft integriert.

Die Blätter der Welwitschia sind das markanteste Merkmal. Sie beginnen als kleine, kräftige Triebe, die sich zu langen, bandartigen Strukturen entwickeln, die im Laufe der Jahre immer weiter wachsen. Diese Blätter können bis zu mehrere Meter lang werden, wobei die Ränder oft ausfransen und sich auf dem Boden ausbreiten, wo sie durch den Wind und die raue Umgebung verschleißen. Im Gegensatz zu den meisten anderen Pflanzen, deren Blätter irgendwann absterben und ersetzt werden, wachsen die Blätter der Welwitschia kontinuierlich aus ihrer Basis und können mehrere hundert Jahre alt werden.

Wurzelsystem und Blätter

Das Wurzelsystem der Welwitschia ist ebenso bemerkenswert wie ihre oberirdischen Teile. Die Pflanze besitzt eine tiefe Pfahlwurzel, die in der Lage ist, Wasser aus tieferen Bodenschichten zu erschließen. Diese Pfahlwurzel kann mehrere Meter tief in den Boden reichen und bietet der Pflanze eine lebenswichtige Wasserquelle in der trockenen Wüstenumgebung. Neben der Pfahlwurzel besitzt die Welwitschia ein Netzwerk von Seitenwurzeln, die sich nahe der Bodenoberfläche ausbreiten. Diese Seitenwurzeln helfen der Pflanze, die spärlichen Niederschläge und den nächtlichen Tau effizient zu nutzen.

Die Blätter der Welwitschia sind dick und ledrig, was sie widerstandsfähig gegenüber Austrocknung macht. Ihre Oberfläche ist mit einer

dicken Wachsschicht bedeckt, die den
Wasserverlust minimiert und sie vor der
intensiven Sonneneinstrahlung schützt. Die Blätter
enthalten auch zahlreiche Stomata, kleine Poren,
die für den Gasaustausch zuständig sind.
Interessanterweise kann die Welwitschia ihre
Stomata bei extremen Bedingungen schließen,
um den Wasserverlust weiter zu reduzieren.

Fortpflanzung und Samen

Die Welwitschia ist eine zweihäusige
Pflanze, was bedeutet, dass es getrennte
männliche und weibliche Individuen gibt. Die
Fortpflanzungsorgane befinden sich in Zapfen,
ähnlich denen von Nadelbäumen, die an der
Stammbasis wachsen. Die männlichen Zapfen
sind kleiner und produzieren Pollen, während die
weiblichen Zapfen größer sind und Samen
enthalten.

Die Bestäubung erfolgt hauptsächlich
durch Insekten, insbesondere durch Käfer, die
von den Nektarien der Pflanze angezogen
werden. Diese Käfer übertragen den Pollen von
den männlichen auf die weiblichen Zapfen, wo

die Befruchtung stattfindet. Nach der Bestäubung entwickeln sich die weiblichen Zapfen weiter und produzieren Samen, die von einer holzigen Samenschale umgeben sind.

Die Samen der Welwitschia sind bemerkenswert für ihre Fähigkeit, lange Zeit in einem Ruhezustand zu verharren, bis die Bedingungen für die Keimung günstig sind. Diese Samen haben Flügelstrukturen, die es ihnen ermöglichen, durch den Wind verbreitet zu werden, was ihre Chancen erhöht, geeignete Keimungsplätze zu finden. Wenn die Bedingungen stimmen – insbesondere wenn ausreichende Feuchtigkeit vorhanden ist – keimen die Samen und produzieren junge Pflanzen, die das charakteristische Erscheinungsbild der Welwitschia schon in einem frühen Stadium zeigen.

Diese bemerkenswerte Kombination aus einzigartiger Morphologie, einem tiefreichenden und effizienten Wurzelsystem sowie einer spezialisierten Fortpflanzungsstrategie ermöglicht es der Welwitschia mirabilis, in der harten Umgebung der Namib-Wüste zu überleben und zu gedeihen. Durch die Erforschung dieser faszinierenden Anpassungen können wir nicht nur die Wunder der Natur besser verstehen, sondern auch wertvolle Erkenntnisse für die Botanik und den Naturschutz gewinnen.

Lebensraum und Verbreitung

Geografische Verbreitung (Namib-Wüste)

Die Welwitschia mirabilis ist ein Endemit der Namib-Wüste, einer der ältesten und trockensten Wüsten der Welt. Diese Wüste erstreckt sich entlang der Küste Namibias und Angolas im südlichen Afrika und ist bekannt für ihre extremen klimatischen Bedingungen und ihre beeindruckenden Dünenlandschaften. Die Welwitschia kommt in einem schmalen Küstenstreifen vor, der sich über etwa 1.000 Kilometer von der Nordwestküste Namibias bis in den Süden Angolas erstreckt. Innerhalb dieses Verbreitungsgebiets findet man die Pflanze hauptsächlich in Flussbetten, Schwemmfächern und trockenen Tälern, wo gelegentliche Regenfälle und Nebel aus dem Atlantik ein Minimum an Feuchtigkeit bieten.

Klima- und Bodenbedingungen

Das Klima der Namib-Wüste ist extrem arid, mit jährlichen Niederschlagsmengen von oft weniger als 25 Millimetern. Diese Niederschläge sind unregelmäßig und meist als kurze, heftige Regenfälle charakterisiert. Ein weiteres charakteristisches Merkmal der Namib ist der Nebel, der häufig von der Küste ins Landesinnere zieht und eine wichtige Feuchtigkeitsquelle für die lokale Flora und Fauna darstellt. Die Temperaturen schwanken stark, mit heißen Tagen, die Temperaturen von über 40 Grad Celsius erreichen können, und kalten Nächten, die nahe dem Gefrierpunkt liegen.

Die Böden, in denen die Welwitschia wächst, sind überwiegend sandig und arm an organischen Nährstoffen. Diese Böden sind jedoch gut durchlässig, was das schnelle Abfließen von Regenwasser ermöglicht und Staunässe verhindert. Die Pflanze kommt häufig in Bereichen vor, wo der Untergrund durchlässiger ist und Wasser in tieferen Schichten gespeichert werden kann.

Anpassungsstrategien an extreme Bedingungen

Die Welwitschia mirabilis hat eine Vielzahl von Anpassungsstrategien entwickelt, um in der extremen Umgebung der Namib-Wüste zu überleben. Eine der bemerkenswertesten ist ihre Fähigkeit, Wasser effizient zu nutzen und zu speichern. Die tief reichende Pfahlwurzel ermöglicht es der Pflanze, Wasser aus tieferen Bodenschichten zu erreichen, das nach sporadischen Regenfällen gespeichert wird. Zusätzlich fängt das ausgedehnte Wurzelsystem nahe der Oberfläche den nächtlichen Tau auf, der sich aus dem Küstennebel bildet.

Die Blätter der Welwitschia sind dick und ledrig, was sie vor Austrocknung schützt. Ihre Oberfläche ist mit einer dicken Wachsschicht bedeckt, die den Wasserverlust durch Transpiration minimiert. Diese Blätter wachsen kontinuierlich aus ihrer Basis, wodurch die Pflanze alte, beschädigte Blattteile ersetzt und gleichzeitig ihre Fähigkeit zur Photosynthese beibehält. Eine weitere bemerkenswerte Anpassung ist die Fähigkeit der Pflanze, ihre Stomata zu schließen, um den Wasserverlust bei extremen Bedingungen zu reduzieren.

Die Welwitschia hat auch spezielle Mechanismen entwickelt, um die extreme Hitze und das starke Sonnenlicht der Namib-Wüste zu überstehen. Ihre Blätter können sich zusammenrollen oder flach auf dem Boden ausbreiten, um die direkte Sonneneinstrahlung zu minimieren und die Verdunstung zu reduzieren. Die Pflanze kann auch bestimmte Schutzpigmente in ihren Blättern produzieren, die als Sonnenblocker fungieren und Schäden durch UV-Strahlung verhindern.

In Bezug auf die Fortpflanzung hat die Welwitschia ebenfalls bemerkenswerte Anpassungen entwickelt. Ihre Samen sind widerstandsfähig und können lange Zeit in einem Ruhezustand verbleiben, bis die Bedingungen für die Keimung günstig sind. Diese Samen haben Flügelstrukturen, die es ihnen ermöglichen, durch den Wind über weite Strecken verbreitet zu werden, was ihre Chancen erhöht, geeignete Keimungsplätze zu finden.

Diese Kombination aus tiefreichenden Wurzeln, wasserspeichernden und -nutzenden Strukturen, widerstandsfähigen Blättern und speziellen Fortpflanzungsstrategien macht die Welwitschia mirabilis zu einem Meisterwerk der Anpassung an eine der härtesten Umgebungen der Erde. Durch das Studium dieser einzigartigen Pflanze können wir wertvolle Einblicke in die

Mechanismen gewinnen, mit denen das Leben selbst in den extremsten Bedingungen gedeihen kann.

Ökologische Bedeutung

Rolle im Ökosystem

Die Welwitschia mirabilis spielt eine zentrale Rolle im Ökosystem der Namib-Wüste, das durch extreme Trockenheit, hohe Temperaturen und karge Böden geprägt ist. Als eine der wenigen Pflanzenarten, die in diesem harschen Umfeld überleben können, trägt die Welwitschia zur Stabilität und Funktionalität des lokalen Ökosystems bei. Ihre tief reichenden Wurzeln helfen, die Bodenstruktur zu stabilisieren und Erosion zu verhindern, während ihre ausgedehnten Blätter und ihre Fähigkeit, Wasser zu speichern, eine wichtige Quelle der Feuchtigkeit für die umgebende Vegetation und Tierwelt darstellen.

Darüber hinaus dient die Welwitschia als Mikrohabitat für eine Vielzahl von Lebewesen. Ihre Blätter bieten Schutz und Nahrung für verschiedene Insekten, Spinnentiere und kleine Wirbeltiere, die auf und um die Pflanze leben. Diese Mikrohabitate sind in der lebensfeindlichen Umgebung der Wüste besonders wertvoll, da sie

Lebensraum und Nahrungsquellen in einer ansonsten kargen Landschaft bereitstellen.

Interaktionen mit anderen Arten (z.B. Bestäuber)

Die Interaktionen der Welwitschia mirabilis mit anderen Arten, insbesondere Bestäubern, sind von entscheidender Bedeutung für ihre Fortpflanzung und ihr Überleben. Die Pflanze ist zweihäusig, das heißt, es gibt getrennte männliche und weibliche Individuen. Die Bestäubung erfolgt hauptsächlich durch Insekten, insbesondere durch Käfer, die von den Nektarien der Pflanze angezogen werden. Diese Käfer besuchen die männlichen Zapfen, um Pollen zu sammeln, und übertragen diesen dann auf die weiblichen Zapfen, wodurch die Befruchtung ermöglicht wird.

Diese Bestäuberbeziehungen sind nicht nur für die Reproduktion der Welwitschia essentiell, sondern auch für das Überleben der Bestäuber selbst, die in der kargen Wüstenlandschaft auf die Nektarquelle angewiesen sind. Die Wechselbeziehung zwischen der Welwitschia und ihren Bestäubern zeigt die komplexen und gegenseitigen Abhängigkeiten innerhalb des Ökosystems der Namib-Wüste.

Darüber hinaus interagiert die Welwitschia mit anderen Pflanzen und Tieren in ihrer Umgebung. Ihre tiefen Wurzeln können helfen, Wasser zu speichern, das auch anderen Pflanzen zugutekommt, die in ihrer Nähe wachsen. Die Pflanze kann auch als Schutz vor Wind und Sandstürmen dienen, wodurch sie ein Mikroklima schafft, das für andere Arten vorteilhaft ist.

Bedeutung für den Erhalt der Artenvielfalt

Die Welwitschia mirabilis ist nicht nur wegen ihrer einzigartigen biologischen Eigenschaften von Bedeutung, sondern auch wegen ihres Beitrags zur Erhaltung der Artenvielfalt in der Namib-Wüste. In einem extremen und ariden Lebensraum, in dem nur wenige Arten überleben können, stellt jede einzelne Art einen wichtigen Bestandteil des Ökosystems dar. Die Welwitschia trägt durch ihre Präsenz zur Biodiversität bei, indem sie Lebensraum und Nahrungsquellen für eine Vielzahl von Organismen bietet.

Ihr Fortbestand ist eng mit dem Überleben zahlreicher anderer Arten verknüpft, die auf sie angewiesen sind. Der Schutz und die Erhaltung der Welwitschia sind daher von zentraler Bedeutung für den Erhalt der ökologischen Integrität der Namib-Wüste. Ihre Fähigkeit, unter extremen Bedingungen zu überleben, macht sie auch zu einem wichtigen Forschungsobjekt für Wissenschaftler, die die Mechanismen des Überlebens und der Anpassung in extremen Umgebungen untersuchen.

Zudem hat die Welwitschia eine symbolische Bedeutung für den Naturschutz. Als ein Paradebeispiel für eine Art, die in einem extremen Lebensraum überlebt, sensibilisiert sie für die Notwendigkeit des Schutzes einzigartiger und fragiler Ökosysteme. Die Bemühungen, die Welwitschia zu erhalten, tragen dazu bei, das Bewusstsein für die Bedeutung der Biodiversität und die Notwendigkeit nachhaltiger Umweltpraktiken zu schärfen.

Durch ihre Rolle im Ökosystem, ihre Interaktionen mit anderen Arten und ihre Bedeutung für den Erhalt der Artenvielfalt leistet die Welwitschia mirabilis einen unverzichtbaren

Beitrag zur biologischen und ökologischen Vielfalt
der Namib-Wüste. Ihr Studium und ihr Schutz sind
nicht nur aus wissenschaftlicher Sicht wertvoll,
sondern auch essenziell für das langfristige
Überleben dieses einzigartigen Ökosystems.

Historische und kulturelle Bedeutung

Entdeckung und wissenschaftliche Erforschung

Die Welwitschia mirabilis wurde Mitte des 19. Jahrhunderts von dem österreichischen Botaniker Friedrich Welwitsch entdeckt, nachdem er während einer Expedition in die Angolanische Wüste auf diese einzigartige Pflanze gestoßen war. Welwitsch war so beeindruckt von ihrer ungewöhnlichen Morphologie und ihrem robusten Überlebensmechanismus, dass er sie als eine der erstaunlichsten Entdeckungen seiner Karriere bezeichnete. Die Pflanze wurde später zu Ehren ihres Entdeckers benannt und als Welwitschia mirabilis in die wissenschaftliche Literatur eingeführt.

Die Entdeckung der Welwitschia löste großes Interesse und zahlreiche wissenschaftliche Untersuchungen aus. Botaniker und Forscher aus der ganzen Welt reisten in die Namib-Wüste, um diese außergewöhnliche Pflanze zu studieren. Ihre einzigartige Struktur und ihre Fähigkeit, in extremen Bedingungen zu überleben, machten sie zu einem wichtigen Forschungsobjekt. Studien zur Morphologie, Physiologie und Genetik der Welwitschia haben wertvolle Erkenntnisse über die Anpassungsstrategien von Pflanzen an extreme Umgebungen geliefert.

Bedeutung für indigene Völker und lokale Kulturen

Für die indigenen Völker und lokalen Kulturen der Namib-Wüste hat die Welwitschia eine tief verwurzelte Bedeutung. Verschiedene Stämme, die in dieser Region leben, wie die Himba und die San, betrachten die Pflanze als heilig und nutzen sie in ihren traditionellen Praktiken und Überlieferungen. In den Überlieferungen dieser Völker wird die Welwitschia oft als Symbol für das Leben und die Ausdauer angesehen, da sie selbst unter den extremsten Bedingungen gedeiht.

Die Samen und Blätter der Welwitschia werden von den indigenen Gemeinschaften in verschiedenen Ritualen und Zeremonien verwendet. Sie glauben, dass die Pflanze heilende Kräfte besitzt und Schutz sowie Fruchtbarkeit bringt. Diese symbolische

Bedeutung spiegelt sich auch in den traditionellen Geschichten und Mythen wider, in denen die Welwitschia oft als eine Quelle des Lebens und der Weisheit dargestellt wird.

Nutzung und symbolische Bedeutung

Die Nutzung der Welwitschia beschränkt sich nicht nur auf die spirituelle Ebene. Verschiedene Teile der Pflanze werden auch für praktische Zwecke verwendet. Die Blätter und Samen dienen in einigen Gemeinschaften als Nahrung, wenn andere Ressourcen knapp sind. Obwohl die Pflanze wegen ihres bitteren Geschmacks und ihrer harten Textur normalerweise nicht als primäre Nahrungsquelle dient, wissen die Einheimischen, wie sie sie zubereiten und nutzen können, um in Notzeiten zu überleben.

Aufgrund ihrer beeindruckenden Widerstandsfähigkeit und ihres langen Lebens hat die Welwitschia auch eine wichtige symbolische Bedeutung erlangt. Sie steht für Ausdauer, Anpassungsfähigkeit und die Fähigkeit, selbst unter den widrigsten Umständen zu überleben.

Diese symbolische Bedeutung hat die Welwitschia zu einem nationalen Symbol Namibias gemacht. Sie ist auf Briefmarken, Münzen und in verschiedenen Kunstwerken des Landes abgebildet, was ihre kulturelle Bedeutung unterstreicht.

Die Welwitschia hat auch internationale Anerkennung gefunden. Botanische Gärten und wissenschaftliche Institutionen weltweit haben versucht, die Pflanze zu kultivieren und zu studieren. Diese Bemühungen tragen dazu bei, das Bewusstsein für die Einzigartigkeit und die Bedeutung dieser Pflanze zu schärfen und die Notwendigkeit ihres Schutzes zu betonen.

Zusammenfassend lässt sich sagen, dass die Welwitschia mirabilis weit mehr als nur eine botanische Kuriosität ist. Ihre historische Entdeckung und wissenschaftliche Erforschung haben wertvolle Einblicke in die Anpassungs-mechanismen von Pflanzen geliefert. Für die indigenen Völker und lokalen Kulturen der Namib-Wüste hat sie eine tiefe spirituelle und praktische Bedeutung. Ihre Nutzung in traditionellen Ritualen und ihre symbolische Bedeutung als Symbol für Ausdauer und

Überleben unter extremen Bedingungen machen sie zu einer Pflanze von großem kulturellen Wert. Die internationale Anerkennung und der Schutz der Welwitschia tragen dazu bei, ihre Einzigartigkeit und ihre Bedeutung für die biologische und kulturelle Vielfalt zu bewahren.

Konservierung und Bedrohungen

Aktuelle Bedrohungen

Eine der größten Bedrohungen für die Welwitschia mirabilis ist der Klimawandel. Die steigenden Temperaturen und die veränderten Niederschlagsmuster beeinträchtigen die ohnehin schon extremen Umweltbedingungen der Namib-Wüste. Welwitschia-Pflanzen sind darauf angewiesen, dass Nebel und seltene Regenfälle ausreichend Feuchtigkeit liefern. Durch den Klimawandel kann diese kritische Wasserversorgung weiter eingeschränkt werden, was das Überleben der Pflanzen gefährdet.

Menschliche Eingriffe stellen eine weitere erhebliche Gefahr dar. Der Bergbau und die Erschließung von Land für Infrastrukturprojekte, wie Straßen und Siedlungen, führen zu einem Verlust und einer Fragmentierung der natürlichen Lebensräume der Welwitschia. Darüber hinaus erhöht der Tourismusdruck in einigen Gebieten das Risiko von Schäden durch unachtsame Besucher, die auf die Pflanzen treten oder Teile von ihnen als Souvenir mitnehmen.

Auch die Ansiedlung invasiver Pflanzenarten stellt eine Bedrohung dar. Diese Pflanzen können die bereits knappen Wasserressourcen der Wüste weiter reduzieren und den Lebensraum der Welwitschia-Pflanzen verdrängen. Darüber hinaus sind Krankheiten und Schädlinge, die durch den Menschen in die Region eingeschleppt werden, potenzielle Gefahrenquellen.

Schutzmaßnahmen und Erhaltungsprogramme

Um die Welwitschia mirabilis zu schützen, wurden verschiedene Schutzmaßnahmen und Erhaltungsprogramme entwickelt. Ein zentrales Element dieser Bemühungen ist der gesetzliche Schutz. In Namibia und Angola, den Hauptverbreitungsgebieten der Pflanze, steht die Welwitschia unter gesetzlichem Schutz. Dies schließt auch die Schaffung von Schutzgebieten ein, in denen der Lebensraum der Pflanze erhalten bleibt und menschliche Eingriffe minimiert werden.

Die Forschung spielt ebenfalls eine wichtige Rolle im Schutz der Welwitschia.

Wissenschaftler arbeiten daran, die genauen ökologischen Anforderungen und die Lebensgeschichte dieser einzigartigen Pflanze besser zu verstehen. Durch diese Forschung können gezielte Schutzmaßnahmen entwickelt und umgesetzt werden.

Ein weiteres wirksames Mittel ist die Sensibilisierung der Öffentlichkeit. Bildungsprogramme und geführte Touren in Schutzgebieten helfen dabei, das Bewusstsein für die Bedeutung und die Gefährdung der Welwitschia zu schärfen. Besucher werden über die Notwendigkeit informiert, die Pflanzen nicht zu stören oder zu beschädigen, und lernen, die Wüste respektvoll zu erkunden.

Internationale Zusammenarbeit und finanzielle Unterstützung sind ebenfalls von entscheidender Bedeutung. Verschiedene Umweltorganisationen und Regierungen arbeiten zusammen, um Ressourcen zu mobilisieren und effektive Schutzstrategien zu entwickeln und umzusetzen. Dazu gehört auch die Förderung von Forschungsvorhaben und die Bereitstellung von Mitteln für die Verwaltung von Schutzgebieten.

Bedeutung des Artenschutzes

Der Schutz der Welwitschia mirabilis hat nicht nur ökologische, sondern auch kulturelle und wissenschaftliche Bedeutung. Als einzigartiges Relikt einer längst vergangenen Zeit bietet die Pflanze wertvolle Einblicke in die Evolution und die Anpassungsmechanismen von Pflanzen an extreme Umweltbedingungen. Ihr Überleben hilft uns, die Widerstandsfähigkeit von Ökosystemen zu verstehen und bietet möglicherweise Lösungen für aktuelle Herausforderungen im Zusammenhang mit dem Klimawandel.

Kulturell gesehen ist die Welwitschia ein Symbol für die Einzigartigkeit und die Schönheit der Wüste Namib. Sie trägt zur Identität und zum Naturerbe der Region bei und ist ein wichtiger Bestandteil der Biodiversität, die es zu bewahren gilt.

Der Artenschutz der Welwitschia mirabilis ist somit ein integraler Bestandteil der globalen Bemühungen, die Biodiversität zu erhalten und die Auswirkungen menschlicher Aktivitäten auf die Umwelt zu minimieren. Indem wir diese bemerkenswerte Pflanze schützen, tragen wir dazu bei, die Vielfalt des Lebens auf unserem Planeten zu bewahren und die Gesundheit unserer Ökosysteme zu sichern.

Insgesamt zeigt die Konservierung der Welwitschia mirabilis, wie wichtig es ist, natürliche Lebensräume zu schützen und nachhaltige Praktiken zu fördern, um das Überleben einzigartiger Arten in einer sich rasch verändernden Welt zu gewährleisten. Nur durch kontinuierliche Anstrengungen und Zusammenarbeit können wir sicherstellen, dass zukünftige Generationen die Chance haben, diese faszinierende Pflanze in ihrer natürlichen Umgebung zu erleben und von ihr zu lernen.

Welwitschia im Fokus der Wissenschaft

Die Welwitschia mirabilis hat seit ihrer Entdeckung das Interesse von Wissenschaftlern auf der ganzen Welt geweckt. Ihre einzigartige Morphologie, außergewöhnliche Lebensweise und die Fähigkeit, in den extremen Bedingungen der Namib-Wüste zu überleben, machen sie zu einem faszinierenden Forschungsobjekt. Im Laufe der Jahre haben zahlreiche Studien und wissenschaftliche Erkenntnisse unser Verständnis dieser bemerkenswerten Pflanze vertieft und neue Fragen aufgeworfen, die zukünftige Forschungsrichtungen prägen.

Wichtige Studien und wissenschaftliche Erkenntnisse

Eine der bahnbrechendsten Entdeckungen über die Welwitschia war ihre einzigartige Lebensweise. Botaniker haben festgestellt, dass diese Pflanze nur zwei Blätter produziert, die ein Leben lang wachsen und niemals abfallen. Diese Blätter, die sich von der Basis aus ständig regenerieren, können bis zu mehrere Meter lang werden und sich in der rauen Umgebung der

Wüste erstaunlich gut behaupten. Diese kontinuierliche Blattproduktion ist ein Adaptationsmechanismus, der es der Pflanze ermöglicht, Schäden durch Wind, Sand und Herbivoren zu kompensieren.

Eine weitere wichtige wissenschaftliche Erkenntnis betrifft das Wurzelsystem der Welwitschia. Untersuchungen haben gezeigt, dass sie ein tiefes Wurzelsystem entwickelt hat, das es ihr ermöglicht, Wasser aus tiefen Bodenschichten zu ziehen. Dies ist besonders wichtig in einer Region, in der oberflächliches Wasser selten ist. Ergänzt wird dieses tiefe Wurzelsystem durch ein weit verzweigtes Netzwerk von Oberflächenwurzeln, das Nebel und seltene Regenfälle effizient aufnimmt.

Die genetische Forschung hat ebenfalls signifikante Fortschritte gemacht. Genomische Analysen der Welwitschia haben Aufschluss über ihre evolutionäre Geschichte gegeben und ihre Position im Stammbaum der Pflanzen geklärt. Diese Studien haben gezeigt, dass die Welwitschia zu den Gymnospermen gehört, einer alten Gruppe von Samenpflanzen, die Nadelbäume und andere Koniferen umfasst.

Diese genetischen Erkenntnisse helfen nicht nur dabei, die evolutionäre Vergangenheit der Pflanze zu verstehen, sondern bieten auch Hinweise darauf, wie sie sich an ihre extremen Lebensbedingungen angepasst hat.

Ein weiteres interessantes Forschungsfeld ist die Physiologie der Pflanze. Studien haben gezeigt, dass die Welwitschia bemerkenswerte Anpassungsmechanismen aufweist, um Wasserverlust zu minimieren. Ihre Blätter haben eine dicke Cuticula und Stomata, die sich nur nachts öffnen, um den Wasserverlust durch Transpiration zu reduzieren. Diese CAM-Photosynthese (Crassulacean Acid Metabolism) ist ein Mechanismus, der auch bei anderen Wüstenpflanzen wie Kakteen vorkommt.

Zukünftige Forschungsfragen und -richtungen

Trotz der bedeutenden Fortschritte gibt es noch viele offene Fragen und Forschungsrichtungen, die zukünftige Studien prägen werden. Eine zentrale Frage betrifft die Langzeitüberlebensstrategien der Welwitschia. Wie genau schafft es die Pflanze, in solch extremen Bedingungen über Hunderte oder sogar Tausende von Jahren zu überleben? Langzeitstudien, die das Wachstum und die Reproduktionsmuster über Jahrzehnte hinweg beobachten, könnten wertvolle Einblicke in diese Frage liefern.

Ein weiteres wichtiges Forschungsfeld ist die ökologische Rolle der Welwitschia in ihrem Lebensraum. Wie interagiert sie mit anderen Pflanzen- und Tierarten in der Wüste? Welche Rolle spielt sie im Nährstoffkreislauf und im Wasserhaushalt dieses extremen Ökosystems? Diese Fragen sind nicht nur aus wissenschaftlicher Sicht interessant, sondern auch für die Entwicklung von Schutzstrategien von entscheidender Bedeutung.

Die Auswirkungen des Klimawandels auf die Welwitschia sind ein weiteres dringendes Forschungsthema. Wie werden steigende Temperaturen und veränderte Niederschlagsmuster ihre Überlebenschancen beeinflussen? Modelle, die die zukünftigen Klimabedingungen simulieren, könnten helfen, mögliche Bedrohungen vorherzusagen und Maßnahmen zu ihrer Anpassung zu entwickeln.

Auch die genetische Forschung wird weiter an Bedeutung gewinnen. Eine detaillierte Analyse des Genoms der Welwitschia könnte Aufschluss über spezifische Gene geben, die für ihre Anpassungsfähigkeit verantwortlich sind. Diese Erkenntnisse könnten nicht nur für den Schutz der Welwitschia relevant sein, sondern auch für die Entwicklung von Kulturpflanzen, die besser an extreme Bedingungen angepasst sind.

Darüber hinaus ist die Erforschung von Krankheiten und Schädlingen, die die Welwitschia befallen könnten, ein wichtiges Thema. Angesichts der zunehmenden menschlichen Aktivitäten und der Globalisierung steigt das Risiko, dass neue Krankheitserreger in die Region eingeschleppt werden. Frühwarnsysteme und Strategien zur Bekämpfung solcher Bedrohungen sind daher von großer Bedeutung.

Die Zusammenarbeit zwischen verschiedenen wissenschaftlichen Disziplinen wird entscheidend sein, um diese komplexen Fragen zu beantworten. Botaniker, Ökologen, Klimaforscher, Genetiker und viele andere müssen ihre Kräfte bündeln, um ein umfassendes

Verständnis der Welwitschia und ihrer Umwelt zu entwickeln.

Schließlich ist die Einbindung lokaler Gemeinschaften in Forschungs- und Schutzprojekte unerlässlich. Die Menschen, die in der Nähe der Lebensräume der Welwitschia leben, verfügen oft über wertvolles traditionelles Wissen und sind wichtige Partner in den Bemühungen um den Erhalt dieser einzigartigen Pflanze.

Zusammenfassend lässt sich sagen, dass die Welwitschia mirabilis nicht nur eine faszinierende botanische Kuriosität ist, sondern auch ein wertvolles Forschungsobjekt, das viele Einblicke in die Anpassungsfähigkeit des Lebens an extreme Umweltbedingungen bietet. Die wissenschaftliche Erforschung dieser Pflanze hat bereits viele wichtige Erkenntnisse geliefert und wird auch in Zukunft eine entscheidende Rolle spielen, um die Biodiversität unserer Erde zu verstehen und zu schützen.

Inspiration Welwitschia

Die Welwitschia mirabilis bietet uns zahlreiche wertvolle Lektionen, von denen wir als Menschen lernen können. Diese Pflanze ist ein eindrucksvolles Beispiel für Überlebensfähigkeit und Anpassungsfähigkeit unter extremen Bedingungen. In einer Umgebung, in der kaum Niederschlag fällt, überlebt die Welwitschia durch ihre bemerkenswerte Widerstandsfähigkeit. Dies zeigt uns, wie wichtig es ist, sich an schwierige Bedingungen anzupassen und trotz widriger Umstände Widerstandskraft zu entwickeln. Die Welwitschia nutzt ihre Ressourcen, insbesondere Wasser, äußerst effizient. Ihr tiefes Wurzelsystem ermöglicht es ihr, Wasser aus den tiefen Bodenschichten zu ziehen, was uns daran erinnert, wie wichtig es ist, unsere Ressourcen sorgfältig und nachhaltig zu nutzen, besonders in Zeiten der Knappheit.

Eine weitere wichtige Lektion, die wir von der Welwitschia lernen können, ist die Bedeutung des langfristigen Denkens. Diese Pflanze kann mehrere Jahrhunderte alt werden, was uns daran erinnert, wie wichtig es ist, über kurzfristige Ziele hinauszublicken und nachhaltige Entscheidungen zu treffen, die langfristige Auswirkungen haben. Sei es in unserem persönlichen Leben, in der Umweltpolitik oder in der gesellschaftlichen Entwicklung, langfristiges Denken und Handeln ist entscheidend für nachhaltigen Erfolg und Fortschritt.

Die Welwitschia zeigt uns auch die Bedeutung von Einzigartigkeit und Beständigkeit. Mit nur zwei Blättern, die ihr ganzes Leben lang wachsen, verdeutlicht diese Pflanze, dass Beständigkeit und Durchhaltevermögen zu großem Erfolg führen können. Wir können daraus lernen, unsere Einzigartigkeit zu schätzen und kontinuierlich an unseren Zielen zu arbeiten, auch wenn der Fortschritt langsam und stetig ist.

Ein weiteres wichtiges Prinzip, das die Welwitschia verkörpert, ist die Nachhaltigkeit und Anpassung. Die Pflanze verschwendet keine Ressourcen und hat Mechanismen entwickelt, um das wenige Wasser, das sie bekommt, optimal zu nutzen. Dies betont die Wichtigkeit der Nachhaltigkeit und des umweltbewussten Handelns. Indem wir lernen, unsere Ressourcen effizient zu nutzen und Verschwendung zu vermeiden, können wir einen positiven Beitrag zum Schutz unserer Umwelt leisten.

Die Welwitschia mirabilis kann uns zudem tiefgreifende Einsichten über verschiedene Aspekte unseres Lebens, einschließlich unserer Beziehungsfähigkeit, unseres Lebensstils, unserer Gottesbeziehung und unserer Sexualität, vermitteln. Ihre außergewöhnliche Widerstandsfähigkeit und Anpassungsfähigkeit in extremen Bedingungen bieten wertvolle Lektionen, die wir auf unser eigenes Leben übertragen können.

Beziehungsfähigkeit

Die Welwitschia mirabilis zeigt uns die Bedeutung von Beständigkeit und Durchhaltevermögen in Beziehungen. Diese Pflanze hat nur zwei Blätter, die ihr ganzes Leben lang wachsen und sich ständig erneuern. Dies kann als Metapher für menschliche Beziehungen dienen, in denen kontinuierliches Wachstum und die Bereitschaft, sich den Herausforderungen zu stellen, essenziell sind. Beziehungen erfordern Pflege, Aufmerksamkeit und das Bemühen, gemeinsam zu wachsen, selbst wenn die äußeren Umstände schwierig sind. Die Welwitschia lehrt uns, dass wahre Bindungen über lange Zeiträume hinweg bestehen und gedeihen können, wenn wir beständig und anpassungsfähig sind.

Unser Leben

Das Leben der Welwitschia ist geprägt von extremer Langlebigkeit und einem minimalistischen Lebensstil. Sie überlebt in einer der unwirtlichsten Umgebungen der Welt und zeigt, dass man selbst unter den härtesten Bedingungen gedeihen kann. Dies erinnert uns daran, dass unser Leben nicht von äußeren Umständen bestimmt wird, sondern von unserer inneren Stärke und Anpassungsfähigkeit. Es geht darum, das Beste aus dem zu machen, was wir haben, und jeden Moment zu schätzen, unabhängig von den äußeren Bedingungen. Die Welwitschia zeigt uns auch, dass das Leben nicht immer spektakulär sein muss; manchmal liegt die wahre Schönheit in der Einfachheit und Beständigkeit.

Spiritualität

Die Welwitschia mirabilis kann uns auch tiefere Einsichten in unsere Gottesbeziehung vermitteln. Ihre Fähigkeit, unter extremen Bedingungen zu überleben, kann als Symbol für den Glauben dienen, der uns durch die Herausforderungen des Lebens trägt. Diese Pflanze erinnert uns daran, dass unsere Beziehung zu Gott uns die Stärke und Widerstandsfähigkeit geben kann, die wir brauchen, um in schwierigen Zeiten standhaft zu bleiben. Wie die Welwitschia, die tief in den Boden wurzelt, um Wasser zu finden, müssen wir in unserem Glauben verwurzelt sein und ständig nach spiritueller Nahrung suchen. Sie zeigt uns, dass wahre Hingabe und Vertrauen in Gottes Plan uns helfen können, selbst die extremsten Lebensumstände zu überstehen.

Die Welwitschia ist ein lebendiges Zeugnis für die Vielfalt und Einzigartigkeit von Gottes Schöpfung. In einer Welt, die oft als lebensfeindlich angesehen wird, hat Gott eine Pflanze erschaffen, die nicht nur überlebt, sondern gedeiht. Ihre Fähigkeit, unter extremen Bedingungen zu wachsen, zeigt Gottes unendliche Weisheit und Kreativität. Diese Pflanze, die seit Millionen von Jahren existiert, ist ein Beispiel für die wunderbare Vielfalt des Lebens, das Gott auf der Erde geschaffen hat. Sie erinnert uns daran, dass Gottes Schöpfung weit über unsere menschliche Vorstellungskraft hinausgeht und dass jede Kreatur, egal wie ungewöhnlich oder scheinbar unbedeutend, einen Platz in seinem großen Plan hat.

Die Existenz der Welwitschia mirabilis sendet eine starke Botschaft über den eigenen Wert und die Bedeutung jedes einzelnen Menschen. Wenn Gott eine Pflanze wie die Welwitschia so liebevoll und detailreich erschaffen hat, wie viel mehr muss er dann jeden einzelnen von uns lieben und wertschätzen? Die Bibel sagt in Psalm 139,14: „Ich danke dir dafür, dass ich erstaunlich und wunderbar gemacht bin; wunderbar sind deine Werke, und meine Seele weiß das wohl." Diese Pflanze zeigt uns, dass wir, genauso wie die Welwitschia, einzigartig und wertvoll sind. Unser Wert ist nicht abhängig von unseren Umständen oder äußeren Bedingungen, sondern von der Tatsache, dass wir von Gott erschaffen und geliebt sind.

Die Welwitschia lehrt uns auch wichtige Lektionen über Durchhaltevermögen und Glauben. Ihre Fähigkeit, in einer der trockensten Regionen der Welt zu überleben, zeigt uns, dass wir trotz widriger Umstände und Herausforderungen im Leben stark und standhaft bleiben können. Dies ist eine Erinnerung daran, dass Gott uns die Kraft und die Mittel gibt, um durch schwierige Zeiten zu kommen. Wie die Welwitschia tief wurzelt, um Wasser zu finden, so sollten auch wir tief in unserem Glauben verwurzelt sein, um die spirituelle Nahrung und Unterstützung zu finden, die wir benötigen. Dies betont die Wichtigkeit des Vertrauens in Gottes Plan und seiner Fürsorge, selbst wenn wir die Gründe für unsere Herausforderungen nicht immer verstehen.

Die Welwitschia ist auch ein Symbol für die unendliche Liebe und Fürsorge Gottes. Trotz der rauen Bedingungen, in denen sie lebt, sorgt Gott dafür, dass sie alles hat, was sie zum Überleben braucht. Dies spiegelt wider, dass Gott auch in unserem Leben ständig für uns sorgt und uns niemals allein lässt. In Matthäus 6,26 heißt es: „Seht die Vögel unter dem Himmel an: sie säen nicht, sie ernten nicht, sie sammeln nicht in die

Scheunen; und euer himmlischer Vater ernährt sie doch. Seid ihr nicht viel mehr wert als sie?" Diese Passage betont, dass wir in Gottes Augen von unermesslichem Wert sind und dass er uns immer mit seiner Liebe und Fürsorge umgibt.

Zusammenfassend ist die Welwitschia mirabilis ein wunderbares Beispiel für die Schöpfungskraft Gottes. Durch ihre Existenz lehrt sie uns wichtige Lektionen über unseren eigenen Wert, die Notwendigkeit von Durchhaltevermögen und tiefem Glauben sowie die unendliche Liebe und Fürsorge Gottes. Indem wir diese Lektionen in unserem Leben anwenden, können wir ein tieferes Verständnis für unseren Platz in Gottes großem Plan und unsere unermessliche Bedeutung in seinen Augen erlangen.

Sexualität

Auch in Bezug auf unsere Sexualität kann die Welwitschia wertvolle Lehren bieten. Ihre Fähigkeit zur Regeneration und ihr kontinuierliches Wachstum erinnern uns daran, dass Sexualität ein natürlicher und lebenslanger

Teil des Menschseins ist, der sich im Laufe der Zeit weiterentwickelt und erneuert. Sexualität ist ein Geschenk, das gepflegt und mit Respekt und Verantwortungsbewusstsein behandelt werden sollte. Die Beständigkeit der Welwitschia kann uns daran erinnern, dass gesunde Sexualität nicht nur auf momentanen Bedürfnissen basiert, sondern auch auf langfristigem Engagement und gegenseitigem Respekt. Sie betont die Wichtigkeit der Selbstkontrolle und der ethischen Verantwortung in sexuellen Beziehungen.

Zusammenfassend zeigt uns die Welwitschia mirabilis, dass Beständigkeit, Anpassungsfähigkeit und tiefes Verwurzeltsein in unserem Glauben und unseren Werten entscheidend für ein erfülltes Leben sind. Ihre Existenz in extremen Bedingungen lehrt uns, dass wir trotz Herausforderungen wachsen und gedeihen können, wenn wir auf Beständigkeit und Glauben setzen.

Touristische Bedeutung

Die Welwitschia mirabilis ist bei Touristen äußerst beliebt und wird oft als eines der Highlights einer Namibia-Reise bezeichnet. Ihre Einzigartigkeit und die spektakuläre Landschaft der Namib-Wüste ziehen jährlich Tausende von Besuchern an. Die Möglichkeit, eine der ältesten Pflanzenarten der Welt zu sehen, ist für viele ein unvergessliches Erlebnis. Touristen schätzen nicht nur die wissenschaftliche Bedeutung der Welwitschia, sondern auch die ästhetische und spirituelle Erfahrung, die mit ihrem Anblick verbunden ist. Die Pflanze inspiriert viele Besucher und hinterlässt einen bleibenden Eindruck von der Widerstandsfähigkeit und Schönheit der Natur.

Orte, an denen man die Welwitschia sehen kann

Der Welwitschia Drive, eine malerische Route in der Nähe von Swakopmund, ist einer der bekanntesten Orte, um die Welwitschia mirabilis in ihrer natürlichen Umgebung zu sehen. Die Strecke führt durch die karge Wüstenlandschaft und bietet mehrere Stopps, an denen Besucher die Pflanzen aus nächster Nähe betrachten können. Besonders beeindruckend sind die ältesten und größten Exemplare der Welwitschia, die hier zu finden sind und schätzungsweise über 1500 Jahre alt sind.

Der Messum Crater, eine große vulkanische Senke in der Wüste, ist ein weiterer bedeutender Standort für die Welwitschia. Hier finden sich einige der größten und ältesten Pflanzen, die besonders beeindruckend sind. Der abgelegene Ort bietet ein unvergleichliches Erlebnis für Abenteurer und Naturfreunde.

In der Nähe des Kuiseb River gelegen, ist das Gobabeb Research and Training Centre ein weiterer hervorragender Ort, um die Welwitschia zu sehen. Das Zentrum widmet sich der Forschung und dem Studium der Welwitschia und bietet Besuchern die Möglichkeit, mehr über diese faszinierende Pflanze und ihre Anpassungsstrategien zu erfahren.

Wichtige Hinweise für Besucher

Für den Besuch bestimmter Gebiete wie dem Welwitschia Drive ist eine Genehmigung erforderlich, die in Swakopmund erhältlich ist. Diese Genehmigung stellt sicher, dass der Besuch nachhaltig und respektvoll gegenüber der Umwelt erfolgt.

Besucher sollten sich bewusst sein, dass die Welwitschia eine empfindliche Pflanze ist. Es ist wichtig, die Pflanzen nicht zu berühren oder zu beschädigen und den Lebensraum nicht zu stören. Bleiben Sie auf den markierten Wegen und respektieren Sie die natürlichen Gegebenheiten.

Die Namib-Wüste ist eine extrem trockene und heiße Umgebung. Besucher sollten ausreichend Wasser, Sonnenschutz und geeignete Kleidung mitbringen. Eine gute Vorbereitung ist entscheidend für ein sicheres und angenehmes Erlebnis.

Zusammenfassend ist die Welwitschia mirabilis ein bedeutendes touristisches Highlight in Namibia, das durch seine Einzigartigkeit, historische Bedeutung und beeindruckende Anpassungsfähigkeit besticht. Ihre Präsenz bereichert das touristische Angebot des Landes und bietet Besuchern ein tiefes Verständnis und eine Wertschätzung für die Wunder der Natur. Es ist von größter Wichtigkeit, diese Pflanze und ihren Lebensraum zu schützen, um zukünftigen Generationen die Möglichkeit zu geben, dieses lebende Fossil zu erleben und daraus zu lernen.

Stimmen von Freunden und Verehrern der Welwitschia

"Die Welwitschia mirabilis ist für mich die faszinierendste Pflanze der Welt. Ihre Fähigkeit, in einer der extremsten Umgebungen zu überleben, inspiriert mich immer wieder. Jedes Mal, wenn ich sie besuche, fühle ich mich erneuert und ermutigt, den Herausforderungen meines eigenen Lebens zu begegnen." - Christoph

"Ich liebe die Welwitschia, weil sie mir zeigt, wie stark und widerstandsfähig das Leben sein kann. Von ihr habe ich gelernt, dass man selbst in den schwierigsten Umständen wachsen und gedeihen kann. Ihre Existenz erinnert mich daran, niemals aufzugeben." – Sabine

"Es gibt keine Pflanze, die mich mehr fasziniert als die Welwitschia mirabilis. Ihre einzigartige Erscheinung und ihre Langlebigkeit sind einfach unglaublich. Sie zu besuchen ist für mich wie eine spirituelle Erfahrung, die mich jedes Mal tief berührt." – Felix

"Die Welwitschia ist ein wahres Wunder der Natur. Ich habe von ihr gelernt, wie wichtig es ist,

Ressourcen klug zu nutzen und sich den Gegebenheiten anzupassen. Ihre Beständigkeit und Ausdauer sind eine Inspiration für mein eigenes Leben." – Klara

"Ich kehre immer wieder zur Welwitschia zurück, weil sie eine Quelle der Inspiration und des Staunens ist. Ihre Fähigkeit, sich an die extremen Bedingungen der Namib-Wüste anzupassen, lehrt mich, flexibel und anpassungsfähig zu sein." – Jonas

"Für mich gibt es keine faszinierendere Pflanze als die Welwitschia mirabilis. Ihre Geschichte und ihre Überlebensstrategien sind einfach bemerkenswert. Ich habe von ihr gelernt, wie wichtig es ist, tief verwurzelt zu sein und sich ständig zu erneuern." – Miriam

"Die Welwitschia mirabilis ist mehr als nur eine Pflanze – sie ist ein Symbol für Durchhaltevermögen und Hoffnung. Jedes Mal, wenn ich sie besuche, fühle ich mich inspiriert und gestärkt, den Herausforderungen meines eigenen Lebens zu begegnen." – Tobias

"Ich liebe die Welwitschia wegen ihrer

Einzigartigkeit und ihrer Fähigkeit, unter extremen Bedingungen zu überleben. Sie erinnert mich daran, dass das Leben selbst in den härtesten Zeiten schön und wertvoll ist." – Isabella

"Die Welwitschia ist für mich ein lebendes Wunder. Ihre Fähigkeit, Jahrhunderte zu überdauern, fasziniert mich zutiefst. Sie zu besuchen ist wie eine Reise in die Geschichte der Erde und eine Lektion in Sachen Geduld und Ausdauer." – Leon

"Von der Welwitschia habe ich gelernt, dass das Leben in seiner einfachsten Form wunderschön sein kann. Ihre Existenz in der rauen Wüste zeigt mir, dass Schönheit und Stärke oft in den unerwartetsten Orten zu finden sind." – Kathleen

"Die Welwitschia mirabilis ist wie ein lebendes Denkmal für die Widerstandsfähigkeit der Natur. Jedes Mal, wenn ich sie sehe, erinnert sie mich daran, dass wir als Menschen in der Lage sind, auch die härtesten Herausforderungen zu meistern." – Daniel

"Ich habe mich in die Welwitschia verliebt, weil sie zeigt, dass das Leben selbst unter den widrigsten Bedingungen gedeihen kann. Ihre Fähigkeit, Jahrhunderte zu überleben, ist ein starker Beweis für die Macht der Natur und den Wert des Lebens." – Elena

"Die Welwitschia ist eine wahre Inspiration. Ihre Anpassungsfähigkeit und Langlebigkeit haben mir beigebracht, dass man sich nie von schwierigen Umständen unterkriegen lassen sollte. Sie ist für mich ein Symbol der Hoffnung." – Michael

"Ich besuche die Welwitschia immer wieder, weil sie mich daran erinnert, wie wichtig es ist, in den eigenen Wurzeln fest verankert zu bleiben. Ihre Beständigkeit ist eine tägliche Lektion in Sachen Geduld und Ausdauer." – Nina

"Die Welwitschia hat mich gelehrt, dass das Leben trotz aller Schwierigkeiten fortbestehen kann. Ihre Fähigkeit, sich an die Wüste anzupassen, inspiriert mich, flexibel und offen für Veränderungen zu sein." – Paul

"Für mich ist die Welwitschia ein Symbol für die unendliche Weisheit und Kreativität Gottes. Ihre

Existenz lehrt mich, die Schönheit in den kleinen Dingen zu sehen und jeden Tag als Geschenk zu betrachten." - Jana

"Ich bin fasziniert von der Welwitschia, weil sie zeigt, dass selbst in den trockensten Wüsten Schönheit und Leben existieren können. Ihre Fähigkeit zu überleben, lehrt mich, nie die Hoffnung aufzugeben." – Theresia

"Die Welwitschia mirabilis ist für mich die faszinierendste Pflanze der Welt. Ihre Existenz in einer der rauesten Umgebungen der Erde erinnert mich daran, dass wir alle die Fähigkeit haben, unter schwierigen Bedingungen zu überleben und zu gedeihen." – Lena

"Ich liebe die Welwitschia wegen ihrer unglaublichen Fähigkeit zur Erneuerung. Ihre Beständigkeit und ihr kontinuierliches Wachstum sind für mich eine Inspiration, mein eigenes Leben mit Geduld und Beharrlichkeit zu gestalten." – Eva

"Einfach ein cooles Gewächs!" – Frank

Zusammenfassung und Ausblick

Die Welwitschia mirabilis ist eine der faszinierendsten Pflanzen der Welt. Sie ist nicht nur ein lebendes Fossil, sondern auch ein Symbol für die unglaubliche Anpassungsfähigkeit des Lebens an extremste Umweltbedingungen. Diese bemerkenswerte Pflanze, die in den harschen Bedingungen der Namib-Wüste gedeiht, hat das Interesse von Wissenschaftlern und Naturschützern gleichermaßen geweckt und bietet wertvolle Einblicke in die Mechanismen der Evolution und Anpassung.

Die Welwitschia mirabilis ist einzigartig in ihrer Morphologie und Lebensweise. Sie produziert nur zwei Blätter, die ein Leben lang wachsen und niemals abfallen. Diese kontinuierliche Blattproduktion ist ein zentraler Adaptationsmechanismus, der es der Pflanze ermöglicht, Schäden durch die extremen Umweltbedingungen der Namib-Wüste zu überstehen. Ihr tiefes Wurzelsystem und die Fähigkeit, Wasser aus seltenen Nebeln und Regenfällen effizient zu nutzen, sind weitere bemerkenswerte Anpassungen.

Die genetische Forschung hat gezeigt, dass die Welwitschia zu den Gymnospermen gehört, einer alten Gruppe von Samenpflanzen. Diese Erkenntnisse haben unser Verständnis der evolutionären Geschichte der Pflanze vertieft und wichtige Hinweise darauf gegeben, wie sie sich an ihre extremen Lebensbedingungen angepasst hat.

Trotz ihrer Anpassungsfähigkeit steht die Welwitschia vor erheblichen Bedrohungen durch den Klimawandel, menschliche Eingriffe und invasive Arten. Steigende Temperaturen und veränderte Niederschlagsmuster könnten ihre Wasserversorgung weiter einschränken, während Bergbau, Infrastrukturprojekte und Tourismus zu einem Verlust und einer Fragmentierung ihres Lebensraums führen. Die Einführung invasiver Arten und das Risiko neuer Krankheiten durch menschliche Aktivitäten stellen zusätzliche Gefahren dar.

Schutzmaßnahmen und Erhaltungs-programme sind daher unerlässlich. Gesetzlicher Schutz, die Einrichtung von Schutzgebieten, wissenschaftliche Forschung und Öffentlichkeitsarbeit sind zentrale Elemente dieser Bemühungen. Internationale Zusammenarbeit und finanzielle Unterstützung sind ebenfalls von entscheidender Bedeutung, um effektive Schutzstrategien zu entwickeln und umzusetzen.

Bedeutung der Welwitschia für zukünftige Generationen

Die Welwitschia mirabilis hat eine immense Bedeutung für zukünftige Generationen, sowohl aus wissenschaftlicher als auch aus kultureller und ökologischer Sicht. Ihre Fähigkeit, in extremen Bedingungen zu überleben, bietet wertvolle Einblicke in die Widerstandsfähigkeit und Anpassungsfähigkeit von Pflanzen. Diese Erkenntnisse könnten in der Zukunft dazu beitragen, Kulturpflanzen zu entwickeln, die besser an die Herausforderungen des Klimawandels angepasst sind.

Wissenschaftlich gesehen ist die Welwitschia ein einzigartiges Studienobjekt, das unser Verständnis der Pflanzenbiologie und Evolution erweitert. Langzeitstudien und genetische Forschung können neue Erkenntnisse über die Mechanismen der Anpassung und das Überleben in extremen Umgebungen liefern. Diese Forschung hat das Potenzial, weitreichende Anwendungen in der Landwirtschaft, der Klimaforschung und der Ökologie zu finden.

Ökologisch ist die Welwitschia ein integraler Bestandteil des Wüstenökosystems der Namib. Ihr Schutz trägt zur Erhaltung der Biodiversität und der ökologischen Gesundheit dieser einzigartigen Region bei. Indem wir die Welwitschia und ihren Lebensraum bewahren, tragen wir auch zum Schutz vieler anderer Arten bei, die in diesem fragilen Ökosystem leben.

Kulturell gesehen ist die Welwitschia ein Symbol für die Einzigartigkeit und Schönheit der Wüste Namib. Sie ist ein wichtiger Bestandteil des natürlichen Erbes Namibias und Angolas und trägt zur Identität und zum Stolz der lokalen Gemeinschaften bei. Bildungsprogramme, die die Bedeutung und Gefährdung der Welwitschia hervorheben, können das Bewusstsein für den Naturschutz stärken und die nächste Generation dazu inspirieren, sich für den Schutz der Umwelt einzusetzen.

Insgesamt ist die Welwitschia mirabilis mehr als nur eine botanische Kuriosität. Sie ist ein lebendiges Zeugnis der Anpassungsfähigkeit und Widerstandsfähigkeit des Lebens, ein wertvolles Forschungsobjekt und ein Symbol für die Notwendigkeit des Naturschutzes. Indem wir uns für den Schutz dieser einzigartigen Pflanze einsetzen, bewahren wir nicht nur ein bedeutendes Stück unserer natürlichen Welt, sondern auch ein Erbe, das zukünftige Generationen inspirieren und bereichern wird.

Die Welwitschia erinnert uns daran, dass selbst in den extremsten Bedingungen des Planeten das Leben nicht nur überleben, sondern auch gedeihen kann. Ihre Geschichte ist eine Geschichte der Anpassung und des Überlebens, die uns lehrt, wie kostbar und fragil die natürlichen Wunder unserer Erde sind. Es liegt an uns, sicherzustellen, dass diese bemerkenswerte Pflanze auch in den kommenden Jahrhunderten in der rauen Schönheit der Namib-Wüste weiterleben kann.

Eine Welt ohne Welwitschia mirabilis

Stellen wir uns kurz eine Welt ohne die Welwitschia mirabilis vor – eine Welt, die eines der erstaunlichsten Wunder der Natur beraubt ist. Diese Pflanze ist weit mehr als nur eine botanische Kuriosität; sie ist ein lebendes Zeugnis für die unermessliche Kreativität und Anpassungsfähigkeit der Natur und ein Symbol für Durchhaltevermögen und Beständigkeit.

Die Welwitschia mirabilis, oft als lebendes Fossil bezeichnet, ist eine der ältesten Pflanzenarten der Welt und existiert seit Millionen von Jahren. Diese Pflanze hat die Zeit überdauert und gibt uns Einblicke in die Vergangenheit, die sonst verloren wären. Ohne die Welwitschia würden wir einen wichtigen Zeugen der Evolution der Pflanzenwelt verlieren, eine lebendige Verbindung zu den uralten Landschaften, die unsere Erde einst prägten. Sie hilft uns zu verstehen, wie Pflanzen sich im Laufe der Jahrmillionen an unterschiedliche Umweltbedingungen angepasst haben.

Die Welwitschia hat sich auf bemerkenswerte Weise an die extremen

Bedingungen der Namib-Wüste angepasst. Ihre Fähigkeit, Wasser aus Nebel und Tau aufzunehmen und ihre tiefen Wurzeln, die Feuchtigkeit aus den unteren Bodenschichten ziehen, sind beeindruckende Überlebensstrategien. Wissenschaftler können von diesen Anpassungen lernen und Erkenntnisse gewinnen, die in Zeiten des Klimawandels von unschätzbarem Wert sind. Technologien zur Wassernutzung und -speicherung könnten durch das Studium der Welwitschia inspiriert werden. Ohne sie wären diese potenziell lebensrettenden Erkenntnisse und Innovationen schwieriger zu entdecken.

Die Welwitschia spielt eine zentrale Rolle im Ökosystem der Namib-Wüste. Sie bietet Lebensraum und Nahrung für verschiedene Insekten und Tiere, die sich an die einzigartigen Bedingungen der Wüste angepasst haben. Ihre Abwesenheit könnte das fragile Gleichgewicht dieses Ökosystems stören und den Lebensraum vieler spezialisierter Arten bedrohen. Der Verlust der Welwitschia würde eine Kettenreaktion innerhalb des Ökosystems auslösen, die das Überleben vieler anderer Arten gefährden könnte. Jedes Mal, wenn wir eine Art verlieren,

verlieren wir ein Stück des komplexen Netzes des Lebens, das die Erde so reich und vielfältig macht.

Die Welwitschia ist ein Symbol für die Wunder der Natur und die unendliche Vielfalt des Lebens. Sie inspiriert Forscher, Naturliebhaber und Künstler gleichermaßen. Ihre Einzigartigkeit hat sie zu einem wichtigen Objekt in botanischen Gärten und wissenschaftlichen Studien gemacht. Ohne sie würde ein wichtiges Symbol für die Anpassungsfähigkeit und Beständigkeit des Lebens fehlen. Ihre Geschichte erzählt von der Kraft der Natur, von Überlebenswillen und von der Fähigkeit, selbst in den unwirtlichsten Umgebungen zu gedeihen. Diese Geschichten sind wichtig, um uns zu inspirieren und uns daran zu erinnern, wie stark und anpassungsfähig das Leben sein kann.

Es ist unerlässlich, die Welwitschia mirabilis zu schützen. Ihre einzigartige Rolle als lebendes Fossil, ihre bemerkenswerten Überlebens-strategien und ihre Bedeutung für das ökologische Gleichgewicht machen sie zu einem unverzichtbaren Bestandteil unserer Welt. Der Verlust dieser Pflanze wäre ein unwiederbringlicher Verlust für die Wissenschaft, die Ökologie und die menschliche Kultur. Wir müssen uns aktiv dafür einsetzen, ihre Lebensräume zu schützen und ihre Existenz für zukünftige Generationen zu sichern. Es liegt in unserer Verantwortung, die Vielfalt und Schönheit der Natur zu bewahren und die wertvollen Lektionen zu erhalten, die sie uns lehrt.

Stellen Sie sich eine Welt ohne die Welwitschia vor – eine Welt, in der zukünftige Generationen nicht mehr die Möglichkeit haben, aus ihrer beeindruckenden Geschichte zu lernen. Eine Welt, in der wir einen stillen, aber kraftvollen Zeugen der Geschichte und der Weisheit der Natur verlieren. Der Verlust dieser Pflanze wäre ein Verlust für die Menschheit, für unsere Verbindung zur Natur und für unser kollektives Wissen. Es liegt in unserer Macht, dieses Wunder zu bewahren und sicherzustellen, dass die Geschichte der Welwitschia mirabilis weitergeht und uns weiterhin inspiriert und lehrt.

Zusammengefasst würde eine Welt ohne die Welwitschia mirabilis nicht nur einen erheblichen Verlust an wissenschaftlichem Wissen und ökologischer Stabilität erleben, sondern auch an kultureller und spiritueller Bedeutung. Es ist von größter Wichtigkeit, diese einzigartige Pflanze zu bewahren, um die Vielfalt und Schönheit der natürlichen Welt zu erhalten und weiterhin wertvolle Lektionen aus ihrer bemerkenswerten Geschichte zu ziehen.

Schlusswort

Am Ende dieses Buches über die Welwitschia mirabilis stehen wir nicht nur vor einer außergewöhnlichen Pflanze, sondern vor einem lebenden Symbol für die unermessliche Kraft und Beständigkeit der Natur. Die Welwitschia, die seit Millionen von Jahren nahezu unverändert in der kargen Namib-Wüste überlebt, lehrt uns tiefe Lektionen über Anpassungsfähigkeit, Überlebenswillen und die Wunder der Schöpfung.

Die Welwitschia mirabilis ist ein Zeuge der Erdgeschichte und ein Meisterwerk der Evolution. Ihre Fähigkeit, in einer der unwirtlichsten Umgebungen der Welt zu überleben, zeigt uns die beeindruckende Anpassungsfähigkeit des Lebens. Diese Pflanze, mit ihren nur zwei, aber ewig wachsenden Blättern, steht als Symbol für Beständigkeit und Erneuerung. Sie erinnert uns daran, dass das Leben selbst unter den härtesten Bedingungen blühen kann.

Während wir die Geschichte der Welwitschia erforschen, entdecken wir auch eine tiefere Verbindung zu unserer eigenen Existenz und zu der Natur, die uns umgibt. Diese Pflanze lehrt uns, dass wahre Stärke oft in der Stille und in der Ausdauer liegt. Ihre Wurzeln, die tief in den Boden der Wüste reichen, sind ein Sinnbild für die Notwendigkeit, tief verwurzelt und standhaft zu bleiben, egal welche Herausforderungen uns begegnen.

Die Welwitschia mirabilis ist ein Wunder der Natur, das uns immer wieder aufs Neue begeistert und inspiriert. Sie zeigt uns, dass die Natur unermesslich kreativ und kraftvoll ist und dass jedes Lebewesen, egal wie ungewöhnlich oder alt, einen wertvollen Platz in der großen Symphonie des Lebens hat. Ihre Geschichte ist ein Aufruf, die Natur zu schützen und zu bewahren, die Vielfalt des Lebens zu feiern und die Lehren, die sie uns bietet, zu schätzen.

Möge die Welwitschia uns stets daran erinnern, dass wir Teil einer viel größeren Geschichte sind, einer Geschichte, die Millionen von Jahren umfasst und die Wunder des Lebens in all seinen Formen zelebriert. Lassen Sie uns dieses Erbe bewahren und sicherstellen, dass auch zukünftige Generationen die Chance haben, die Welwitschia in ihrer majestätischen

Einfachheit zu bewundern und von ihr zu lernen. Denn in der Welwitschia finden wir nicht nur eine Pflanze, sondern auch ein Stück unserer eigenen Menschlichkeit und unserer Verbindung zur Erde.

Eigene Gedanken zur Welwitschia mirabilis:

Über den Autor

Herbert Lukas Steinbach ist ein renommierter Botaniker und Naturforscher mit besonderem Interesse an extremophilen Pflanzen und deren Überlebensstrategien. Nach seinem Studium der Botanik und zahlreichen Forschungsreisen in die Wüstenregionen der Welt hat er sich auf die Erforschung der einzigartigen Flora der Namib-Wüste spezialisiert. Mit diesem Buch teilt er sein umfangreiches Wissen und seine Faszination für die außergewöhnliche Welwitschia mirabilis, die er als die „Königin der Wüste" bezeichnet.